Un brindis por la vida

COLABORACIÓN EDITORIAL
María Eugenia Díaz Cafferata
María Teresa Durán
Enriqueta Naón Roca

DISEÑO
Renata Biernat

ARGENTINA: Arenales 1239 PB 3 - C1061AAK Buenos Aires
Tel/Fax (54-11) 4816-3791 / e-mail: editoras@vergarariba.com.ar
MÉXICO: Kelvin Nº10, 4º Piso, Colonia Anzures - México DF 11590
Tel/Fax (525) 203-5266 / e-mail: editoras@vergarariba.com.mx

ISBN: 987-9201-11-6

4º Edición

Impreso en China por ProVision Pte. Ltd.
Co-edición realizada por Vergara & Riba Editoras S.A.,
Buenos Aires y RotoVision Crans S.A., Suiza.

Printed in China
Febrero de 2001

Un brindis por la vida

Edición de Lidia María Riba

Vergara & Riba Editoras

Índice

Brindemos

Todos vamos siempre muy de prisa:
agendas repletas de compromisos, actividades,
algunos gustos, muchas obligaciones. Vivimos
momentos trascendentes o cambios muy importantes
casi sin tiempo de disfrutarlos, de aprender de ellos,
de incorporarlos...

Este libro nos propone detenernos un momento.
Y dejarnos invadir por todo lo bueno que tiene la vida
para ofrecernos. Que recordemos que, suceda lo que
suceda, siempre hay tanto para celebrar...

Escritores, artistas, personajes célebres hablan en
este libro de todo aquello que merece ser vivido con
intensidad: el amor, los amigos, la libertad, el arte,
los sueños...

Este puede ser el momento de valorar el significado
profundo de lo mucho que tenemos, de compartir con
los que amamos un brindis por la vida.

El Amor

Es hielo abrasador, es fuego helado,
es herida que duele y no se siente...

Quevedo

Estar enamorado, amigos, es encontrar
el nombre justo de la vida.
Es recobrar la llave oculta que abre la cárcel
en que el alma está cautiva.
Es advertir en unos ojos una mirada
verdadera que nos mira.
Es escuchar en una boca la propia voz
profundamente repetida.
Es sospechar que, para siempre, la soledad
de nuestra sombra está vencida.

Es apoyar los ojos tristes en un paisaje
de cigüeñas y campanas.
Es gobernar la luz del fuego y, al mismo
tiempo, ser esclavo de la llama.

Es contemplar un tren que pasa por la
montaña con las luces encendidas.
Es escuchar a medianoche la vagabunda
confesión de la llovizna.

Estar enamorado, amigos, es padecer
espacio y tiempo con dulzura.
Es despertarse una mañana con el secreto
de las flores y las frutas.
Es comprobar en cuerpo y alma que la tarea
de ser hombre es menos dura.
Es empezar a decir siempre y en adelante
no volver a decir nunca.
Y es además, amigos míos, estar seguro
de tener las manos puras.

Francisco Luis Bernárdez

Siempre hay un poco de locura en el amor, pero siempre hay un poco de razón en la locura.

Friedrich Nietzsche

Si en medio de las adversidades persevera el corazón con serenidad, con gozo y con paz, esto es amor.

Santa Teresa de Jesús

El amor compadece, y compadece más cuanto más amor.

Miguel de Unamuno

$\mathcal{S}$i a veces dices sí por no desilusionar
a la gente, eso no es amor, es cobardía.
Un gran ejercicio para el amor es saber
decir no.
Si lo comprendes todo, lo perdonas todo.
No olvidemos que la respuesta del amor
es siempre la que el otro necesita,
porque el amor verdadero es clarividente
y comprensivo. Siempre está de parte
del otro.
Sólo hay una necesidad. Y esa
necesidad es amar.

Anthony de Mello

Tú eres la noche, esposa.
Yo soy el mediodía.
No te quiero a ti sola:
te quiero en tu ascendencia
y en cuanto de tu vientre
descenderá mañana.
Porque la especie humana
me han dado por herencia,
la familia del hijo será la especie humana.
Con el amor a cuestas,
dormidos y despiertos,
seguiremos besándonos
en el hijo profundo.
Besándonos tú y yo...,
se besan los primeros pobladores
del mundo.

Miguel Hernández

/14

$\mathscr{E}$l comienzo del amor consiste en
dejar que las personas a quienes amamos
sean absolutamente ellas mismas,
y en no presionarlas para que se amolden
a nuestra imagen.

Thomas Merton

$\mathscr{E}$n los amores pasajeros lo que uno
busca son cosas excepcionales; en los
amores profundos lo que uno quiere es
tiempo para compartir las cosas de todos
los días; porque las cosas de todos los
días se vuelven excepcionales.

Verónica Cheja

Todo lo que sabemos del amor
es que el amor es todo lo que hay.

Emily Dickinson

¿Quién dijo que todo está perdido?
Yo vengo a ofrecer mi corazón.

Fito Páez

El amor es un sentimiento que está por
encima de todos los demás; una fuerza
natural a la que no puede resistirse nadie.
Algo como un trueno, la marea más alta,
una catarata, la tempestad...

August Strindberg

Si amáis, que éstos sean vuestros
deseos:
Fundiros y ser como un arroyo que canta
su melodía por la noche.
Conocer el dolor de la inenarrable,
excesiva ternura.
Despertar al alba con el espíritu alado
y dar gracias por otro día de amor.
Adormeceros con una plegaria para el ser
amado en vuestro corazón y con un
cántico de alabanza en vuestros labios.

Khalil Gibrán

El hombre que no ha amado con pasión
ignora la mitad más bella de la vida.

Stendhal

Para que tú me oigas
mis palabras
se adelgazan a veces
como las huellas de las gaviotas en las
(playas.

Ahora quiero que digan lo que quiero decirte
para que tú me oigas como quiero que me
(oigas.

Ámame, compañera. No me abandones.
Sígueme.
Pero se van tiñendo con tu amor mis
(palabras.
Todo lo ocupas tú, todo lo ocupas.

Pablo Neruda

Amad. Es el único bien que hay en la vida.

George Sand

El amor no sólo descansa allí, como una piedra; debe ser hecho, como el pan, rehecho todo el tiempo.

Ursula K. Le Quin

Amor es un fuego escondido, una agradable llaga, una dulce amargura, un alegre tormento...

Fernando de Rojas

Alma a quien todo un Dios prisión ha sido,
venas, que humor a tanto fuego han dado,
médulas que han gloriosamente ardido,
su cuerpo dejarán, no su cuidado;
serán ceniza, mas tendrá sentido;
polvo serán, mas polvo enamorado.

Francisco de Quevedo

Son las líneas de tu cuerpo
el modelo de mis ansias
el camino de mis besos
y el imán de mis miradas.

Antonio Machado

Te ando buscando amor que nunca llegas,
te ando buscando amor que te mezquinas,
me aguzo por saber si me adivinas,
me doblo por saber si te me entregas.

Alfonsina Storni

El amor, tanto en la ansiedad dolorosa
como en el deseo feliz, es la exigencia de
un todo. Únicamente nace y subsiste si
queda una parte por conquistar. Sólo se
ama lo que no se posee por completo.

Marcel Proust

La diferencia entre una persona antes
y después de enamorarse es la misma
que entre una lámpara encendida y otra
apagada. La lámpara estaba allí y era
buena pero ahora, además, irradia luz,
que es su verdadera función.

Vincent Van Gogh

¿Serás, amor,
un largo adiós que no se acaba?

Pedro Salinas

Sé amor. Haz amor. A medida que
practiquemos el arte de dar y recibir amor,
continuaremos profundizando nuestra
capacidad de amar. Nuestra vida comenzó
con un acto de amor. Y ése es nuestro
destino: amar, ser amados y entregar amor
al mundo en que vivimos.

Kathleen Keating

Si me está negado el amor, ¿por qué, entonces, amanece; por qué susurra el viento del sur entre las hojas recién nacidas?

Si me está negado el amor, ¿por qué, entonces, la medianoche entristece con nostálgico silencio a las estrellas?

¿Y por qué este necio corazón continúa, esperanzado y loco, acechando el mar infinito?

Rabindranath Tagore

*Q*uedéme y olvidéme;
el rostro recliné sobre el amado;
cesó todo y dejéme,
dejando mi cuidado
entre las azucenas olvidado.

San Juan de la Cruz

Los Sueños

¿Qué es la vida? Un frenesí.
¿Qué es la vida? Una ilusión.

Calderón de la Barca

No nos atrevemos a creer en ellos porque previamente estamos convencidos de que no pueden ser otra cosa que un sueño. Y sin embargo existen.
Y, sin embargo, hay estrellas. Bastaría con levantar la cabeza para verlas.

J. L. Martín Descalzo

Nada sucede que no haya sido antes un sueño.

Carl Sandburg

Este arroyo no vuelve,
no se detiene nunca,
pero en tanto que sigue
lentamente fabula.
…
Y si no vuelve es porque
sueña hacia dónde va:
a meterse en un río
y con él en el mar.

Mario Benedetti

29/

A veces nuestra luz se apaga, pero hay otro que vuelve a encender la llama. Sepamos agradecer profundamente a quienes han reanimado esa luz.

Albert Schweitzer

*A*lgún día vosotros seréis lo suficientemente viejos como para empezar a leer otra vez cuentos de hadas...

C. S. Lewis

*C*uando se tiene en la vida un porqué, se vive sin dificultad el cómo.

Friedrich Nietzsche

$\mathcal{E}$l que ama las cosas buenas,
¿qué busca, en realidad?
Que las cosas buenas acaben por
pertenecerle.
¿Y qué será el hombre, una vez que
posea lo bueno?
Ese hombre será feliz.

Platón

$\mathcal{S}$igo creyendo en el hombre, como
sigo creyendo en la naturaleza, cuando, en
el más árido desierto, veo abrirse una flor.

Phil Bosmans

$\mathcal{S}$er un claro destino
con un sueño profundo
y soñar, como el ángel,
otra paz y otro mundo.
Y después, cuando vuelvas
mientras la vida pasa
sentirás que es el cielo
quien habita tu casa.

Hamlet Lima Quintana

Todo lo que vívidamente imaginemos, ardientemente deseemos, sinceramente creamos y con entusiasmo emprendamos... inevitablemente sucederá.

Paul Meyer

No es pobre el hombre que no tiene un céntimo, sino aquel que no posee un sueño.

Harry Kemp

Jamás te ha sido dado un deseo sin que se te haya otorgado el poder de hacerlo realidad.

Richard Bach

*N*os calienta el fuego, no el humo.
Nos transporta por mar un barco, no la
estela que deja en el mar. Del mismo
modo, lo que somos hay que buscarlo en
las profundidades invisibles de nuestro
ser, no en el reflejo exterior de nuestro
obrar. Nuestra realidad íntima hemos de
encontrarla en el alma, principio de todos
nuestros actos.

Thomas Merton

*S*ueña sueños ambiciosos y según
sueñes, así serás. Tu visión es la promesa
de lo que descubrirás finalmente.

John Ruskin

$\mathcal{N}$uestro ideal
no llega a las estrellas
es sereno, sencillo;
quisiéramos hacer miel, como abejas,
tener dulce voz o fuerte grito
fácil caminar sobre las hierbas...

Federico García Lorca

¿*P*or qué te extraña que cantemos
mi buen amigo,
...
si aún el placer, si aún el dolor
nos dan su mano, si sentimos
el aire cálido del llano,
el viento frío de los picos,
la piedra dura bajo el pie...?

¿Por qué te extraña que cantemos,
mi buen amigo?

José Hierro

Aférrate a los sueños porque si los sueños mueren, la vida se convierte en un pájaro con sus alas quebradas que deja de volar.

Langston Hughes

Todos nuestros sueños pueden hacerse realidad si tenemos el deseo de realizarlos.

Walt Disney

Somos creadores y podemos fabricar hoy el mundo en el que viviremos mañana.

Robert Collier

$\mathcal{S}$in sueños, sin pasión, el hombre es
sólo una fuerza latente que espera una
posibilidad. Como espera la piedra el
choque del hierro para lanzar chispas
de luz.

Henri Frédéric Amiel

$\mathcal{D}$ios nos proteja de un árbol de la
esperanza que ha perdido su facultad de
florecer.

Mark Twain

Estírate bien alto pues las estrellas se esconden en tu alma. Sueña profundo pues cada sueño precede al objetivo.

Pamela Vaull Starr

Bienaventurados aquellos que sueñan sueños y están dispuestos a pagar el precio de hacerlos realidad.

L. J. Cardenal Suenens

¿Qué habrá soñado el Tiempo hasta ahora?

Ha soñado la espada, cuyo mejor lugar
es el verso...
Ha soñado a los griegos que descubrieron el
diálogo y la duda...
Ha soñado la dicha que tuvimos o que
soñamos haber tenido...
Ha soñado la ética y las metáforas del más
extraño de los hombres, el que murió una
tarde en una cruz...
Ha soñado el libro, ese espejo que
siempre nos revela otra cara...

/40

Ha soñado el número de la arena...
Ha soñado el jazmín que no puede saber
que lo sueñan...
Ha soñado los pasos del laberinto ...
Ha soñado el nombre secreto de Roma,
que era su verdadera muralla...
Ha soñado la vida de los espejos...
Ha soñado mapas que Ulises no habría
comprendido...
Ha soñado el mar y la lágrima.
Ha soñado el cristal.
Ha soñado que Alguien lo sueña.

Jorge Luis Borges

Correr detrás de la marea
buscando el norte
y detenerse
un paso más allá del horizonte,
con la esperanza intacta.

Rafael Velasco S. J.

Yo no sé lo que busco eternamente
en la tierra, en el aire y en el cielo;
yo no sé lo que busco; pero es algo
que perdí no sé cuándo y que no encuentro,
aun cuando sueñe que invisible habita
en todo cuanto toco y cuanto veo.

Rosalía de Castro

Para alcanzar su sueño, un guerrero de la luz precisa de una voluntad firme y de una inmensa capacidad de entrega. Porque, aunque tenga un objetivo, el camino para lograrlo no es siempre aquel que imagina.

Usa la disciplina y la compasión. Dios jamás abandona a sus hijos, pero sus designios son insondables y Él construye el sendero con nuestros propios pasos.

Paulo Coelho

La Familia

Yo iré donde tú vayas
y viviré donde tú vivas.
Tu pueblo será mi pueblo
y tu Dios será mi Dios.

Libro de Ruth 1,16

Un hijo es como una estrella
a lo largo del camino,
una palabra muy breve
que tiene un eco infinito.
Un hijo es una pregunta
que le hacemos al destino.

José María Pemán

Quien acumula muchos
recuerdos felices en su infancia,
está salvado para siempre.

Fedor Dostoievski

/46

$\mathcal{N}$o es la carne ni la sangre, sino el corazón, lo que nos hace padres e hijos.

J. Schiller

$\mathcal{M}$e he preguntado a mí mismo muchas veces: ¿Yo amo a mis padres porque soy hijo suyo o más bien soy hijo suyo porque los amo? ¿Y mis padres me amaron porque yo era hijo suyo o se hicieron mis padres porque me amaron?

J.L Martín Descalzo

Quien puede ver a través de los ojos de un niño, tiene el paraíso en sus manos y el amor en el corazón.

Silvina Gasparini

Hoy los niños aprenden mucho sobre cómo llegar a la luna, pero muy poco de cómo llegar al cielo.

David Jeremiah

Sea rey o aldeano, quien encuentra la paz en su hogar es, de todos los hombres, el más feliz.

Johann W. Goethe

Es tu risa la espada
más victoriosa,
vencedor de las flores
y las alondras.
Rival del sol.
Porvenir de mis huesos
y de mi amor.

Miguel Hernández

$\mathcal{U}$n hogar es mucho más que una casa... Dialogar es mucho más que contarnos lo que nos pasa... Reunirse es mucho más que estar juntos... Compartir es mucho más que prestarse cosas... Vivir felices es mucho más que estar contentos...

Juan Carlos Pisano

$\mathcal{T}$res segundos bastan a un hombre para ser progenitor. Ser padre es algo muy distinto. En rigor sólo hay padres adoptivos. Todo padre verdadero ha de adoptar a su hijo.

Françoise Dolto

$\mathcal{S}$i aceptamos a nuestros hijos, les
daremos libertad para que sean ellos
mismos en un mundo que les dice cada
día que sean distintos.

Tim Hansel

$\mathcal{N}$os dio con toda el alma,
como el árbol da ramos
y como el nido, pájaros;
y ahora, sin querer,
llora cuando nos tiene,
llora cuando nos vamos,
y llora de alegría
cuando nos vuelve a ver.

José Pedroni

Vuestros hijos no son vuestros.
Son los hijos y las hijas de la vida.
Llegan a través de vosotros, pero no
son realmente vuestros. Podréis darles
vuestro amor, pero no vuestros
pensamientos, porque tienen sus
propios pensamientos.
Podréis albergar sus cuerpos, pero no
sus almas, porque sus almas moran
en la casa del mañana... Porque la
vida no retrocede, ni se estanca.
Sois los arcos para que vuestros hijos,
flechas vivientes, se lancen
al espacio.

Kalhil Gibrán

/52

Te digo, al llegar, madre,
que tú eres como el mar;
que aunque las olas
de tus años se cambien y te muden,
siempre es igual tu sitio,
al paso de mi alma.

Juan Ramón Jiménez

*L*a familia que reza unida, es capaz de resistir todas las pruebas.

Madre Teresa de Calcuta

*L*os hijos son como ríos de vida que avanzan a través de los muchos paisajes - agrestes y hermosos, apacibles y borrascosos - por los que recorre su existencia.

Angel Cantero

Si tuviera que volver a criar a mi hijo, primero construiría su autoestima y después nuestra casa. Sería mucho menos firme y lo afirmaría mucho más. Pintaría más con mi dedo y lo señalaría menos. Haría con él más caminatas y volaríamos más cometas. Apartaría mis ojos del reloj y lo miraría con amor...

Diane Loomans

La familia sigue siendo la fuente primera y principal de nuestra personalidad y de nuestra educación, el lugar en el que recibimos ese "pan de cariño" que nos va haciendo crecer y vivir.

Manuel Madueño

$\mathcal{E}$l cuidado de nuestros hijos no tiene nada que ver con el control. Una semilla jamás crece si la arrancamos de la tierra cada día para cerciorarnos de su progreso. Los frutos necesitan sólo un suelo fértil, agua, luz del sol y un ambiente cuidado para que florezcan. Confiemos en que lo bueno será un fruto espontáneo en las vidas que permanecen arraigadas en el amor.

Henri Nouwen

De tal manera, hijo,
en tus facciones tiernas,
reproduces mis ojos, mi frente, mis mejillas,
que cuando a caballito
juegas sobre mis piernas
veo toda mi infancia saltando en mis rodillas.

Baldomero Fernández Moreno

Los abuelos pueden aportar a las
generaciones que les siguen una sabiduría
depurada por los años y un desinterés que
no suelen tener los que están metidos de
lleno en la lucha por la existencia.

Antonio Hortelano

$\mathcal{N}$o basta querer a un niño;
es preciso que él sepa, que saboree
ese amor.

Manuel Izeta

$\mathcal{E}$n todo matrimonio que ha durado más
de una semana existen motivos para el
divorcio. La clave consiste en buscar un
motivo para estar juntos.

Frida Kritzler y Orlando Jerez

Duerme, hijo mío. Mira: entre las ramas está dormido el viento.
...Duerme. Si al despertar no me encontraras, yo te hablaré a lo lejos; una aurora sin sol vendrá a dejarte entre los labios mi invisible beso; duerme; me llaman, concilia el sueño.

Juan Zorrilla de San Martín

El amor materno -el más sagrado de todos los vínculos emocionales- hace sentir al niño el amor a la vida. Pero la esencia misma del amor materno está en cuidar que el niño crezca. Y esto significa que se aleje de su madre.

Dos seres que estaban unidos deben separarse y, en esta etapa, ese amor requiere la capacidad de dar todo sin desear nada salvo la felicidad del ser amado.

Sólo la mujer que realmente ama, la mujer que es más feliz dando que tomando, que está arraigada en su propia existencia, puede amar y, aun después de la separación, seguir amando.

Erich Fromm

$\mathscr{P}$on en orden tu vida,
y tu vida mejorará.
Si tu vida mejora, influirás en tu familia.
Si tu familia mejora,
influirá en la comunidad.
Recuerda: la influencia que puedas tener
sobre los otros comienza en ti
y surge como un susurro.

Lao-Tsé

$\mathscr{S}$eñor, el viejo tronco se desgaja,
el recio amor nacido poco a poco,
se rompe. El corazón, el pobre loco,
está llorando a solas en voz baja.

Leopoldo Panero

El amor es descendente. De padres a hijos; de abuelos a nietos. Así es como es y así es como debe ser. Cuando a veces ese amor se vuelve hacia arriba, es un increíble y maravilloso regalo de Dios.

María T. Hunter

El hogar está donde el corazón ríe sin timidez y las lágrimas del corazón se secan por sí solas.

Vernon Blake

La familia y la sociedad son como el arco de un palacio, quitas una piedra y todo se desmorona.

El Talmud

/62

Si los niños viven estimulados,
aprenden a confiar en sí mismos.
Si los niños son elogiados,
aprenden a apreciar a los demás.
Si los niños se sienten aprobados,
aprenden a quererse a sí mismos.
Si los niños reciben la aceptación de
sus padres, aprenden a encontrar el
amor en el mundo.

Dorothy L. Nolte

El Arte y la Creación

Espíritu sin nombre,
indefinible esencia,
yo vivo con la vida
sin formas de la idea.

Gustavo Adolfo Bécquer

*C*uando la belleza se despierta, abre
las puertas del día; cuando se duerme,
enciende las estrellas del cielo;
cuando sueña, callan todos los poetas;
cuando llora, tiemblan todas las almas y,
cuando reza, calla el hombre, calla el
viento y se arrodillan los ángeles.

Santiago Rusiñol

*E*s ese inmortal instinto de lo bello lo
que nos hace considerar la tierra y sus
espectáculos, como un anticipo,
como una correspondencia del cielo.

Charles Baudelaire

El arte es por su intrínseca naturaleza
el mejor antídoto contra la nada.
¡Qué alejados están del arte los que lo
consideran mero pasatiempo, un lujo para
agradarnos con la dimensión de lo
entretenido...!

Rafael Squirru

La música, entre todas las artes, se
encuentra en una región especial que no
ilumina más estrella que la propia,
totalmente desprovista de más significado
que el suyo: un significado en términos
musicales, no en palabras.

Leonard Bernstein

Creación es luz y resplandor de la verdad. Es el reflejo de Dios en las criaturas. Porque esa cosa ligera, alada, sagrada que es el poeta, no se encuentra en estado de crear antes de ser inspirado por un dios, fuera de sí, y de no haber dejado del todo su razón.

Platón

Componer una sinfonía es, para mí, construir un mundo.

Gustav Mahler

En donde hay alegría, hay creación. Cuanto más rica es la creación, más profunda es la alegría.

Henri Bergson

El arte brota de la pura e independiente intimidad; las leyes son ridículas para el arte verdadero y sólo actúan para salvar a los falsos artistas, incapaces de auténticas creaciones.

Horacio

Digamos que existen dos tipos de mentes poéticas: una apta para inventar fábulas y otra dispuesta a creerlas.

Galileo Galilei

Inteligencia, dame
el nombre exacto y tuyo,
y suyo, y mío, de las cosas.

Juan Ramón Jiménez

Un libro de cabecera no se escoge.
Se enamora uno de él.

José Luis de Villalonga

La eternidad es una de las raras
virtudes de la literatura.

Adolfo Bioy Casares

En el interior del artista prende una
llama: es un pensamiento, un sentir,
un acorde, una forma vagamente plástica,
una persona, un hecho... Algo en lo que
anida una nueva gran visión del espíritu.

Jean Follain

Para interpretar la mejor música, se
debe fijar la mirada en una estrella lejana.

Yehudi Menuhin

La poesía es el punto de intersección
entre el poder divino y la libertad humana.

Octavio Paz

Después de este desorden impuesto,
de esta prisa,
de esta urgente gramática necesaria
en que vivo,
vuelva a mí toda virgen la palabra precisa,
virgen el verbo exacto con el justo adjetivo.

Que cuando califique de verde al monte,
al prado,
repitiéndole al cielo su azul como a la mar,
mi corazón se sienta recién inaugurado
y mi lengua el inédito asombro de crear.

Rafael Alberti

*U*na pintura es un poema sin palabras.

Horacio

*L*a finalidad del arte es dar cuerpo a la esencia secreta de las cosas, no el copiar sin apariencia.

Aristóteles

*E*l sentimiento de lo bello es más desinteresado que el de lo bueno y el de lo justo.

Ramón Menéndez Pidal

Cuando una obra literaria ha sido bien planteada, las dos notas de placer y de utilidad no sólo deben coexistir sino, además, fundirse.

R. Wellek y A. Warren

Es la música quien me ha hecho creer en Dios.

Alfred de Musset

Poesía es la perfección del alma, elevación de pensamientos, profundidad de sensaciones, delicadeza de palabras, luz, fuego, música interior...

Juan Montalvo

*Todo parece igual que ayer y hoy,
todo parece tranquilo, común, sin nada
insólito, y de pronto lo inadmisible se
insinúa lentamente o se despliega
de improviso...*

Petko Todorov

*Los dioses mismos perecen,
mas los versos inmortales
más firmes que los metales
permanecen.*

Théophile Gautier

No hay arte ateo. Aunque no ames al Creador, lo afirmarás orando a su semejanza.

Gabriela Mistral

El artista ama la naturaleza y por eso es su esclavo y su señor.

Rabindranath Tagore

Un libro es una mente que habla; cerrado, un amigo que espera; olvidado, un alma que perdona; destruido, un corazón que llora...

Proverbio hindú

*P*ara eso existen los artistas, para plasmar en una tela, en un pentagrama o en la arcilla, algo que está dentro de ellos y que pertenece al futuro.

Marc Chagall

*E*l primer verso lo facilitan los dioses; lo demás lo hace el poeta.

Paul Valéry

*J*amás hubo un gran talento sin un poco de locura.

Séneca

$\mathcal{N}$o es una poesía gota a gota
pensada.
No es un bello producto.
No es un fruto perfecto.
Es algo como el aire que todos respiramos
y es el canto que espacia
cuanto dentro llevamos.

Son palabras que todos repetimos sintiendo
como nuestras, y vuelan.
Son más que lo mentado.
Son lo más necesario:
lo que no tiene nombre.
Son gritos en el cielo, y en la tierra son actos.

Gabriel Celaya

Todos sienten. Pero sólo a algunos seres les es dado el guardar, como un tesoro, la memoria viva de lo que han sentido. Yo creo que éstos son los poetas.

Gustavo Adolfo Bécquer

El arte no existe para reproducir lo visible, sino para hacer visible aquello que está más allá de los ojos.

Paul Klee

No quiero gente que baile,
quiero gente que *tenga* que bailar.

George Balanchine

El arte es el modo que tiene el hombre
de rescatar su propia grandeza oculta.

André Malraux

Se debe intentar alcanzar lo imposible.
Lo fácil ya está, ya lo sé hacer, lo tengo
incorporado a mi cuerpo.

Julio Bocca

El verso ha de ser como una
espada reluciente, que deja a los
espectadores la memoria de un
guerrero que va camino del cielo y,
al envainarla en el sol,
se rompe en alas.

José Martí

Dios

Le dije al almendro: "¡Hermano,
háblame de Dios!"
Y el almendro se cubrió de flores.

Niko Kazantzakis

$\mathcal{N}$o temas,
porque yo te he redimido,
te he llamado por tu nombre;
tú me perteneces.
Si cruzas por las aguas,
yo estaré contigo,
y los ríos no te anegarán;
si caminas por el fuego,
no te quemarás,
y las llamas no te abrasarán...
Porque tú eres valioso para mí
y yo te amo...
No temas, porque yo estoy contigo.

Isaías 43, 1-5

La promesa de la Resurrección,
no está sólo en los libros del Señor,
sino en cada hoja que nace en la primavera.

Martin Luther King

No tienes necesidad de cambiar
para que Dios te ame.

Anthony de Mello

Es cierto, tú no ves a Dios, no lo
encuentras por la calle, no puedes
estrecharle la mano, pero cuando buscas
la verdad, cuando luchas por la justicia,
cuando te comprometes por la paz,
tú afirmas que Dios existe.

Vito Morelli

...Así voy yo, borracho melancólico,
guitarrista lunático, poeta,
y pobre hombre en sueños,
siempre buscando a Dios entre la niebla.

Antonio Machado

Caminar hacia Dios es abandonar
seguridades y arriesgarse a lo sorprendente.

Mamerto Menapace

Creo en lo incomprensible de Dios.

Honoré de Balzac

*Á*breme. Ábreme, que vengo herido
y moriría, oh Dios, si por la herida
no saliese, hecha voz, mi ansia de verte.

Blas de Otero

*S*i aprendemos a escuchar y a aceptar
nuestra intuición y a actuar según ella,
podremos conectarnos con el Poder
Superior del universo y permitiremos que
se convierta en nuestra fuerza conductora.

Shakti Gawain

*H*emos desentrañado el misterio del
átomo y rechazado el Sermón de la Montaña.

Gral. Omar Bradley

Tiempo de Navidad

¿Sabéis qué es la Navidad? Es celebrar que Jesús es Dios, que es Amor y que nace entre nosotros... cuando nos ayudamos, cuando nos reconciliamos, cuando nos comprometemos por ser mejores, cuando colaboramos unos con otros, cuando nos unimos para luchar juntos... No estoy criticando - Dios me libre - la alegría navideña, el sueño esperanzado de los niños, los abrazos familiares, la mesa jubilosa... Estoy diciendo que cuando una cena navideña tiene abundancia, pero no amor, se convierte en una simple comilona.

J. L Martín Descalzo

Quiera Dios... que el nacimiento de
Jesús... nos ayude a descubrir todos
nuestros posibles nacimientos:
para el amor, para la generosidad,
para la solidaridad, para la ternura.

Eduardo Gómez Lestani

Quien medite seriamente, quien
renueve en sí la promesa de permanecer
fiel a lo mejor de sí mismo, estará en
perfecta disposición para celebrar la fiesta
de la Navidad y para él adquirirán su
verdadero valor y brillo las campanas
de fiesta y las luces de las candelas,
el canto y los regalos.

Hermann Hesse

Hablar de Dios no es lo mismo que
tener experiencia de Él y dejarle actuar
en nuestras vidas.

Phillip Hewett

Para lograr la verdadera paz,
un hombre necesita sentirse llevado,
perdonado y sostenido por un poder
supremo; creer que está en el camino
correcto, allí donde Dios quiere que esté:
en orden con Dios y con el universo.
Esta fe da fuerza y serenidad.

Henri Frédéric Amiel

/90

$\mathcal{D}$ios es lo que un hombre encuentra de divino en sí mismo. Dios es la mejor manera en la que un hombre puede comportarse en las situaciones cotidianas de la vida y el punto más lejano en que un hombre se encuentra consigo mismo.

Max Lerner

$\mathcal{A}$lgunas personas hablan de encontrar a Dios. Como si Él pudiera perderse...

Dicho popular

$\mathcal{L}$os hechos son el eterno lenguaje de Dios y las opiniones, el efímero lenguaje de los hombres.

Gabriel Celaya

Creo en Dios

Creo en un Dios que cree en sus criaturas.

Creo en un Dios que es el testigo fiel de todo acto responsable de buena voluntad.

Creo en un Dios que quiere que los hombres lleguen a la abismal dimensión de personas.

Creo en un Dios que anuncia la esperanza, para que nuestra tarea diaria cobre todo su sentido y podamos vivirla en paz y en alegría.

Creo en un Dios que enseña que su adoración coincide con el momento supremo del encuentro con nosotros mismos, porque El tiene su residencia en la intimidad profunda de nuestro ser.

Creo en un Dios que me reconocerá porque tuvo hambre y le di de comer...

Julio César Labaké

Siento a Dios que camina
tan en mí, con la tarde y con el mar.
Con él nos vamos juntos. Anochece.
Con él anochecemos. Orfandad...
Oh, Dios mío, recién a ti me llego
hoy que amo tanto en esta tarde.
Yo te consagro Dios, porque amas tanto;
porque jamás sonríes; porque siempre
debe dolerte mucho el corazón.

César Vallejo

*E*l verdadero valor de la oración
consiste no sólo en que Dios nos oiga
sino también en que nosotros
lo oigamos a Él.

William Mc Gill

*N*o trates de alcanzar a Dios con tu
entendimiento porque es imposible.
Encuéntralo en el amor, que eso sí
es posible.

Carlo Carretto

*D*eja que Dios te ame a través de
los otros y deja que Dios ame a los otros
a través de ti.

D. M. Street

Señor, tú llegas hasta lo más profundo
de mí y me conoces por dentro. Sabes
cuando me detengo o cuando no sé qué
hacer; entiendes mis ilusiones y mis
deseos como si fueran tuyos;
en mi camino has puesto una huella,
en mi descanso te has sentado a mi lado;
has tocado todos mis proyectos palmo
a palmo.

Salmo 139

Dios no es Dios cuando pretendemos
acceder a Él esquivando al prójimo.

J. Miranda

*D*onde hay fe, hay amor. Donde hay amor, hay paz. Donde hay paz, está Dios. Y donde está Dios, no falta nada.

San Martín de Porres

*A*quellos que, porque me ven devoto en la oración, me preguntan dónde he visto yo a los dioses y cómo puedo estar tan seguro de su existencia, les digo: "jamás he visto mi propia alma y sin embargo la honro y la respeto".

Marco Aurelio

Que estás en la tierra Padre nuestro,
que te siento en la púa del pino,
en el torso azul del obrero,
en la niña que borda curvada la espalda
mezclando el hilo en el dedo.
Padre nuestro que estás en la tierra,
en el surco,
en el huerto,
en la mina,
en el puerto,
en el cine,
en el vino,
en la casa del médico.

Padre nuestro que estás en la tierra
donde tienes tu gloria y tu infierno,
en el cigarro, en el beso,
en la espiga, en el pecho
de todos los que son buenos.
Padre que habitas en cualquier sitio,
Dios que penetras en cualquier hueco,
tú que quitas la angustia,
que estás en la tierra,
Padre nuestro que sí que te vemos,
los que luego te hemos de ver,
donde sea, o ahí en el cielo.

Gloria Fuertes

Es necesario sentir la mano de Dios
sobre nuestra espalda para que podamos
ser su mano en la espalda de los demás.

P. Zeissig

Que la tierra se vaya haciendo camino
ante tus pasos, que el viento sople
siempre a tus espaldas, que el sol brille
cálido sobre tu cara, que la lluvia caiga
suavemente sobre tus campos y, hasta
tanto volvamos a encontrarnos, que Dios
te guarde en la palma de sus manos.

Antigua despedida de los peregrinos

Mas... ¿qué amo cuando te amo a Ti?
Amo una cierta luz, una voz, un perfume,
un alimento y un abrazo.
Son la luz, la voz, el perfume, el alimento
y el abrazo del interior que hay en mí,
donde ilumina mi alma una luz que ningún
lugar puede albergar, donde suena una
voz que el fluir de los siglos no puede
llevarse, donde se derrama un perfume
que ningún viento puede dispersar...
donde se establece una relación que
ninguna saciedad puede romper. Todo
esto amo cuando te amo a ti, mi Dios.

San Agustín

ॐ

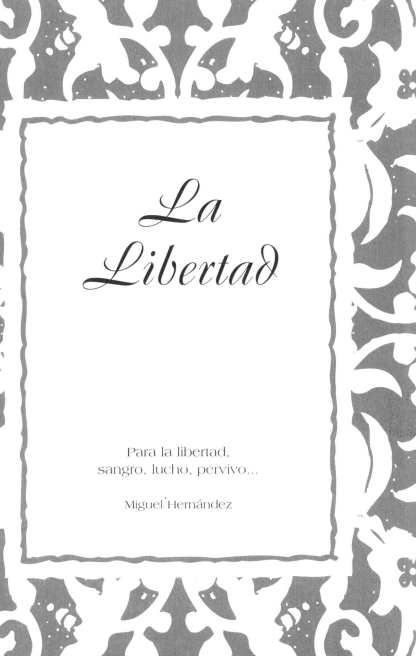

La Libertad

Para la libertad,
sangro, lucho, pervivo…

Miguel Hernández

$\mathcal{N}$o hay en la tierra, conforme a mi parecer, contento que iguale a alcanzar la libertad perdida.

Miguel de Cervantes Saavedra

$\mathcal{S}$i encuentras un esclavo dormido, no lo despiertes; quizás esté soñando con la libertad.

Khalil Gibrán

$\mathcal{A}$ un hombre se le puede quitar todo
excepto una cosa, la última de sus
libertades: elegir su actitud frente a
cualquier circunstancia, elegir su camino.

Viktor E. Frankl

$\mathcal{E}$n tu mochila, astronauta,
pon un violín, una rosa
y entre el radar y la antena,
dos alas de mariposa.

Adela Vettier

*P*ara vivir libre y feliz, debes sacrificar
el tedio. No es siempre un sacrificio fácil.

Cada uno de nosotros, en realidad,
es una idea de la Gran Gaviota,
una imagen ilimitada de la libertad.

Richard Bach

*N*o hay libertad más absoluta que la
que nace dentro de uno y se extiende
hacia afuera para todos.

Silvina Gasparini

Ser hombre es ser libre o no ser.
Y afirmar que la libertad es necesaria no
nos exime de recordar que también resulta
peligrosa.
La libertad no se ejerce en el vacío; o es
elección o no existe.
Si ser libre es garantizar la posibilidad de
decir "Yo quiero", es indudable que,
al mismo tiempo, implica la capacidad de
decir "Yo no quiero". Quererse libre es
volverse señor de uno mismo.

Paul Eugène Charbauneaux

El que es llamado a la libertad es,
al mismo tiempo, llamado a la
responsabilidad.

Harvey Cox

La libertad jamás será algo otorgado,
sino que deberá siempre conquistarse.

Simone de Beauvoir

Luchar por la libertad es ya ser libre.

Pierre Fougeyrollar

El amor es quien garantiza el respeto al otro, y la libertad comienza por el amor.

Bernard Clavel

Ser libre significa dejar que los otros sean libres: libres de amarnos, de partir, de regresar.

Arthur Koestler

Pongámoslo todo al servicio de nuestra divina madre, la libertad.

Federico García Lorca

La libertad es, en la filosofía, la razón;
en el arte, la inspiración; en la política,
el derecho.

Víctor Hugo

Si nada te urge, ni te apena
si no sabes dónde vas, pero sigues.
Amigo mío, entonces eres libre.

Marta Vega Sáenz

$\mathcal{E}$n ocasiones tememos la libertad.
Es una responsabilidad pensar por uno
mismo, tomar decisiones, ser distintos y
asumir las consecuencias inmediatas.

Erich Fromm

$\mathcal{S}$omos auténticamente libres al
expresar la verdad según la entendemos
y sentimos.

Thomas Merton

$\mathcal{L}$a libertad es el más preciado de los dones, defenderla y conservarla es la mayor de las obligaciones. Seamos libres: que cada cual elija sus cadenas.

Justiniano

¿$\mathcal{Q}$uién es libre? El sabio que domina
sus pasiones, que no teme a la necesidad,
a la muerte, ni a las cadenas,
que desprecia los honores del mundo
y que, por sobre todo, ha pulido las aristas
de su carácter.

Horacio

La libertad compañero,
es un bicho soberano,
lo mismo come en la mano,
que es montaraz y mañero.
Depende de lo sincero
que sea quien se le acerque,
el más débil o el más fuerte,
el de abajo o el de arriba,
puede salvarle la vida
o puede darle la muerte.

Alberto Cortez

Tú eres lo que eliges ser.

Wayne W. Dyer

Que es mi barco mi tesoro,
que es mi Dios la libertad,
mi ley la fuerza y el viento,
mi única patria, la mar.

José de Espronceda

Quiero más una libertad peligrosa
que una servidumbre tranquila.

Mariano Moreno

Con la libertad sucede como con el
agua: no se siente su necesidad hasta que
comienza a faltar.

William Gladstone

*P*odemos aspirar a dejar a nuestros hijos solamente dos legados duraderos: uno, raíces y el otro, alas.

Modding Carter

*L*a verdadera libertad es un acto puramente interior, como la verdadera soledad.

Máximo Bontempelli

*H*ay quienes ponen en duda el porvenir del ideal de la libertad. A ellos les respondemos que tiene más que un porvenir, posee eternidad.

Benedetto Croce

$\mathcal{A}$ diferencia de otros seres vivos o inanimados, los hombres podemos inventar y elegir en parte nuestra forma de vida. Podemos optar por lo que nos parece bueno, es decir, conveniente para nosotros.

Y podemos equivocarnos, que es algo que a los castores, las abejas y las termitas no suele pasarles. De modo que parece prudente fijarnos bien en lo que hacemos y procurar adquirir un cierto saber vivir que nos permita acertar.

Fernando Savater

Cuando hay libertad, todo lo demás sobra.

José de San Martín

Conoced la verdad y ella os hará libres.

Juan 8, 32

Seamos esclavos de las leyes
para poder ser libres.

Cicerón

$\mathcal{N}$o conozco al hombre, sino a los
hombres. No conozco a la libertad,
sino a los hombres libres.

Antoine de Saint-Exupéry

$\mathcal{N}$inguna fuerza doma, ningún tiempo
consume, ningún mérito iguala, al nombre
de la libertad...

Nicolás Maquiavelo

$\mathcal{N}$o estoy de acuerdo con lo que
dices, pero defenderé con mi vida tu
derecho a decir lo que piensas.

Voltaire

El interés de promover la libertad de expresión en una sociedad democrática, supera cualquier beneficio teórico de la censura.

Juez John P. Stevens

Liberarse es fácil, lo difícil es saber ser libre.

Andrè Gide

Ser bueno es el único modo de ser dichoso. Ser culto es el único modo de ser libre.

José Martí

Los Amigos

Si vienes, por ejemplo, a las cuatro
de la tarde, comenzaré a ser feliz
desde las tres.

Antoine de Saint-Exupéry

El Maestro dijo: Cuando os reunáis con vuestro amigo a la vera del camino o en el mercado, (...) que la voz que mora en vuestra voz hable al oído de su oído; porque si así lo hacéis, el alma de vuestro amigo conservará la verdad de vuestro corazón, como se recuerda el sabor del vino cuando ya se ha olvidado el color del vino, y cuando la jarra que lo contenía ya no existe.

Khalil Gibrán

$\mathcal{D}$esde siempre supe que seríamos amigos: no sólo porque podemos hablar de todo, sino porque sabemos callar juntos.

Manuela Casal

$\mathcal{E}$n la hora de la tristeza los ojos de los hombres se vuelven hacia los amigos; ¿y qué deseamos en la hora de la alegría y el festejo? Un amigo. Porque, cuando el corazón rebosa de gratitud o de otro sentimiento dulce y sagrado, la palabra que pronuncia es amigo.

W. Savage

Los campos de trigo no me recuerdan nada. ¡Es bien triste! Pero tú tienes cabellos color de oro. Cuando me hayas domesticado, ¡será maravilloso! El trigo dorado será un recuerdo de ti. Y amaré el ruido del viento en el trigo...

Antoine de Saint-Exupéry

La amistad nace con la luz y se afirma con el trato.

Moliére

Escribe las faltas de tu amigo sólo en la arena.

Pitágoras

Si yo te dijera estas cosas, amigo,
¿qué fuego pondría en mi boca,
qué hierro candente,
qué olores, colores, sabores,
contactos, sonidos?
¿Y cómo saber si me entiendes?
¿Cómo entrar en tu alma rompiendo
sus hielos?
¿Cómo hacerte sentir para siempre
vencida la muerte?
¿Cómo ahondar en tu invierno,
llevar a tu noche la luna,
poner en tu oscura tristeza la lumbre celeste?
Sin palabras, amigo;
tenía que ser sin palabras como tú
me entendieses.

José Hierro

El encuentro de dos verdaderos amigos
en una hora adversa, se parece a la visión
de un rayo de sol durante un aguacero.
Un camino claro apenas divisado
entre las cerradas nubes oscuras.

Walter Scott

Hay un imán en tu corazón que
atraerá a los amigos de verdad. Ese imán
está forjado por tu generosidad y tu
capacidad de pensar en los demás antes
que en ti. Cuando aprendas a vivir
por otros, ellos vivirán por ti.

Paramahansa Yogananda

/126

Compañera
usted sabe
que puede contar
conmigo
no hasta dos
o hasta diez
sino contar
conmigo

Mario Benedetti

Cuando llora
mi amigo es un niño
que necesita ser cuidado.

Mi amigo es una cumbre
desde donde puedo mirar sin caerme.
Mi amigo es el pozo mullido
donde caigo sin golpearme.

Amigo:
no te mueras,
no te canses,
no te vayas.
Déjame ser
entre los juegos,
un poco niño,
un poco loco,
un poco sabio.

Tato Ortega

/128

$\mathcal{S}$é para tu mejor amigo lo que quisieras ser para ti mismo.

William Shakespeare

"$\mathcal{Q}$uédate", es una hermosa palabra en el vocabulario de un amigo.

Louise May Alcott

$\mathcal{B}$uenos amigos, buenos libros y una conciencia perezosa: ésa es la vida ideal.

Mark Twain

Mis amigos han hecho la historia de
mi vida. De mil maneras han transformado
mis limitaciones en hermosos privilegios,
y me han permitido caminar serena y feliz
en la penumbra de mi privación.

Helen Keller

Dentro de mí suena una melodía
cuando llega un amigo, y esa melodía
me hace feliz. Y cuando mi amigo se va
me quedo lleno de su música.

Anthony de Mello

$\mathcal{N}$o te dejes abatir por las despedidas. Son indispensables como preparación para el reencuentro y es seguro que los amigos se reencontrarán, después de algunos momentos o de todo un ciclo vital.

Richard Bach

$\mathcal{M}$e pongo la palabra en plena boca
y digo: Compañeros. Es hermoso
oír las sílabas que os nombran,
hoy que estoy (dilo en voz muy baja) solo.

...Es hermoso oír la ronda
de las letras, en torno
a la palabra abrazadora: C-o-m-p-a-
ñ-e-r-o-s. Es como un sol sonoro.

$\mathcal{B}las\ \partial e\ \mathcal{O}tero$

Al que es amigo jamás
lo dejen en la estacada,
pero no le pidan nada
ni lo aguarden todo de él:
siempre el amigo más fiel
es una conducta honrada.

José Hernández

Tú venías hacia mí, y los otros seres
pasaban.

Raúl González Tuñón

*C*uando sientas tu herida sangrar
cuando sientas tu voz sollozar
cuenta conmigo.

Carlos Puebla

*S*i dicen que del joyero
tome la joya mejor,
tomo a un amigo sincero
y pongo a un lado el amor.

José Martí

Tardará mucho en nacer,
si es que nace,
un andaluz tan claro,
tan rico de aventura.
Yo canto su elegancia
con palabras que gimen
y recuerdo una brisa triste
por los olivos.

Federico García Lorca

$\mathcal{D}$etrás de toda tristeza y toda nostalgia, quisiera que ese mismo amigo, el lector, sintiera el estallido de la vida y la gratitud de alguien que tanto lo amó; eso que cantaba Satchmo llenando una melodía banal de algo que solamente puedo llamar comunión.

Julio Cortázar

$\mathcal{C}$uando me veo querido por un amigo verdadero, siento la seguridad, la garantía, la satisfacción de ser apreciado por mí mismo. Y entonces, no dependo ya de mis éxitos ni de mis trabajos para ser feliz.

Carlos G. Valles

$\mathcal{D}$icen que las alegrías cuando se comparten se agrandan. Y que en cambio, con las penas pasa al revés, se achican.

Tal vez lo que sucede es que, al compartir, lo que se dilata es el corazón; y así se está mejor capacitado para gozar de las alegrías y mejor defendido para que las penas no nos lastimen.

Mamerto Menapace

ॐ

Los Desafíos

Todo es posible hasta que se pruebe
que es imposible. Y aun entonces, lo
imposible puede serlo sólo por ahora.

Pearl S. Buck

Éste es el tiempo de tender el paso
y salir hacia el mar, hendiendo el aire.
Hombres, levad los hombros
sonoramente, bajo el sol que nace.

Blas de Otero

La auténtica riqueza de la experiencia
humana perdería parte de su alegría si no
existieran limitaciones que superar. La
cima de la colina no sería ni la mitad de
maravillosa si no hubiera oscuros valles
que atravesar.

Halina Boulez

$\mathcal{E}$s fácil mantener las riendas de un caballo viejo y fatigado.

Es difícil mantener las de un caballo joven y nervioso.

Es todavía más difícil dominar y conducir una cuadriga de pura sangres.

...Pero si lo logras, te conducirá más rápidamente y más lejos.

Michel Quoist

$\mathcal{S}$in coraje, las otras virtudes carecen de sentido.

Winston Churchill

*L*a lluvia al viento le dijo:
"Tú arrasarás y yo inundaré".
Castigaron tanto el lecho del jardín
que las flores se arrodillaron,
se doblegaron para protegerse,
pero no murieron.
Yo sé lo que las flores sintieron.

Robert Frost

*L*os que dicen que algo no puede
hacerse no deberían interrumpir a quienes
lo están haciendo.

Mark Hansen

Hay que salvar al rico,
hay que salvarle de la dictadura de su
(riqueza,
porque debajo de su riqueza hay un hombre
que tiene que entrar en el reino de los cielos,
en el reino de los héroes.
Pero también hay que salvar al pobre
porque debajo de la tiranía de su pobreza
hay otro hombre que ha nacido para ser
héroe también.
Hay que salvar al rico y al pobre.
El Hombre, el hombre es lo que importa.

León Felipe

$\mathcal{U}$n pájaro herido no puede volar, pero un pájaro que se apega a la rama de un árbol, tampoco... El agua se purifica fluyendo; el hombre, avanzando.

Sudha Chandran, una bailarina clásica de la India, vio truncada su carrera en la flor de la vida, pues tuvieron que amputarle su pierna derecha. Pero volvió a la danza después de que le adaptaran una pierna artificial.
Cuando le preguntaron cómo lo había conseguido, ella respondió sencillamente: "No hacen falta pies para bailar".

Anthony de Mello

*Q*uien nunca comió su pan durante una pena, quien nunca pasó las horas de la medianoche llorando y esperando la aurora, no conoce la verdadera alegría.

Johann W. Goethe

...*P*orque al final he comprendido que lo que el árbol tiene de florido vive de lo que tiene sepultado.

Francisco Luis Bernárdez

Muchas veces el comienzo es el final.
Porque llegar al final puede ser la única
manera de comenzar. El final es el punto
donde empezamos.

T. S. Elliot

Lo importante es la acción,
no el resultado de la acción.

Mahatma Gandhi

No te des por vencido, ni aun vencido,
no te sientas esclavo, ni aun esclavo;
trémulo de pavor, piénsate bravo,
y arremete feroz, ya mal herido.

Pedro "Almafuerte" Palacios

Cada mañana en África una gacela se
despierta. Sabe que debe correr más rápido
que el león más veloz; de lo contrario,
la matarán.
Cada mañana un león se despierta. Sabe
que debe superar a la gacela más lenta;
de lo contrario, morirá de hambre.
No importa si somos una gacela o un león:
cuando salga el sol, más nos vale estar
corriendo.

Allan J. Magrath

El progreso consiste en el cambio.

Miguel de Unamuno

¿*Qué* hacer? Algo. Cualquier cosa.
Excepto quedarnos sentados. Si nos
equivocamos, comenzar de nuevo. Probar
otra cosa. Pero si esperamos hasta estar
satisfechos y tener todas las certezas,
puede que sea demasiado tarde.

Lee Iacocca

¿*Cómo* se han de distinguir las plantas
fuertes de las débiles si el viento no las
agita?

Gilbert K. Chesterton

*L*as condiciones para la conquista son
siempre sencillas. Sólo debemos trabajar
un tiempo, soportar un tiempo,
creer siempre y retroceder, jamás.

Séneca

¿Y si no fueran las sombras
sombras?

Pedro Salinas

*A*quella hoja seca, al caer, lo hizo tan
lentamente y con tanta gracia como
demostrándome todo lo que era capaz de
hacer todavía.

Baldomero Fernández Moreno

Pon tu corazón, tu mente y tu alma
aun en las tareas más insignificantes.
Este es el secreto del éxito.

Swami Sivananda

Basta un instante para hacer un
héroe; pero hace falta toda una vida para
hacer un hombre bueno.

P. Brulat

Son muchos los que se obstinan en
seguir en el camino elegido; pocos los que
persiguen un objetivo.

Friedrich Nietzsche

¿*L*o comprendes?
Lo has comprendido.
¿Lo repites? Y lo vuelves a repetir.
Siéntate. No mires hacia atrás.
¡Adelante!
¡Adelante! Levántate. Un poco más.
Es la vida.
Es el camino...

Vicente Aleixandre

El silencio no está en los puntos más altos de la montaña; el ruido no está en los mercados de las ciudades. Ambos están en el corazón del hombre.

Martin Weichs

Posponer algo fácil lo convierte en difícil. Posponer algo difícil lo convierte en imposible.

George Claude Lorimer

Hay que regocijarse de que las espinas estén cubiertas de rosas.

Macedonio Fernández

$\mathcal{A}$lgunos de los mayores éxitos de la historia se produjeron después de una palabra de estímulo o de un acto de confianza por parte de una persona querida o un amigo fiel.

Nido Qubein

$\mathcal{Q}$ue cada uno cumpla con su propio
(destino,
reconozca sus pozos, riegue sus propias
(plantas
y, si cae en la cuenta de que ha errado el
(camino,
que desande lo andado y reconstruya la
(casa.

Hamlet Lima Quintana

$\mathcal{L}$a esperanza y la paciencia son dos infalibles remedios, los más seguros y suaves, para descansar mientras dura la adversidad.

Robert Burton

$\mathcal{N}$o son las dificultades del camino las que te hacen daño en los pies, sino la piedra que tienes en el zapato lo que hace difícil tu camino.

Andrés Rondán

¿Y por qué esta manía
de seguir insistiendo
en vivir otro día?
Será porque la vida
nos inventa la lucha
y así nos desafía.

Hamlet Lima Quintana

No mires hacia atrás con ira ni hacia adelante con miedo, sino a tu alrededor con atención.

James Thurker

El águila nunca perdió tanto tiempo como cuando intentó aprender del cuervo.

Rafael Squirru

Lo más importante que aprendí a hacer después de los cuarenta años, fue a decir no cuando es que no.

Gabriel García Márquez

Si en la lucha el destino te derriba,
si todo en tu camino es cuesta arriba,
si tu sonrisa es ansia insatisfecha,
si hay siembra excesiva
y pésima cosecha,
si a tu caudal se le oponen diques:
date una tregua,
pero no claudiques.

Rudyard Kipling

REFERENCIAS BIBLIOGRÁFICAS

- Aleixandre, Vicente, *Antología poética*, Altaya, Barcelona, 1995.
- Alberti, Rafael, *Entre el clavel y la espada*, Editorial Losada, Buenos Aires, 1969.
- Benedetti, Mario, *Inventario*, Seix Barral-Espasa Calpe, Buenos Aires, 1993.
- Bernárdez, Francisco Luis, *Antología*, Editorial Kapelusz, Buenos Aires, 1973.
- Borges, Jorge Luis, *Obra poética*, Emecé Editores, Buenos Aires, 1995.
- Coelho, Paulo, *Manual do Guerreiro da Luz*, Editora Objetiva, Rio de Janeiro, 1997.
- Celaya, Gabriel, *Poesía española*, Editorial Guadalupe, Buenos Aires, 1983.
- Cortez, Alberto, *Almacén de almas*, Emecé Editores, Buenos Aires, 1993.
- De Castro, Rosalía, *Antología de la poesía lírica española*, Editorial Kapelusz, Buenos Aires, 1973.
- De Mello, Anthony, *El manantial*, Editorial Salterrae, Santander, 1984.
- De Otero, Blas, *Pido la paz y la palabra*, Editorial Lumen, Barcelona, 1983.
- Felipe, León, *Antología rota*, Editorial Losada, Buenos Aires, 1970.

- Fernández Moreno, Baldomero, *Cien mejores poesías*, Editorial Eudeba, Buenos Aires, 1961.
- Fuertes, Gloria, *Antología poética*, Plaza & Janés, Barcelona, 1972.
- Hernández, Miguel, *Obras completas*, Editorial Losada, Buenos Aires, 1960.
- Hierro, José, *Poesía española*, Editorial Guadalupe, Buenos Aires, 1983.
- Lima Quintana, Hamlet, *Poesías*, Ediciones De Aquí a la Vuelta, Buenos Aires, 1989.
- Martín Descalzo, José Luis, *Razones para la esperanza*, Editorial Atenas, Madrid, 1993.
- Neruda, Pablo, *Veinte poemas de amor y una canción desesperada*, Editorial Losada, Buenos Aires, 1988.
- Ortega, Tato, *Amistad, vocación de encuentro*, Ediciones Paulinas, Buenos Aires, 1983.
- Salinas, Pedro, *Poesías completas*, Barral Editores, Barcelona, 1971.
- Savater, Fernando, *Ética para amador*, Ariel-Espasa Calpe, Buenos Aires, 1991.